¿Podrías firmar esta petición?

Stephanie Kraus

Asesoras de contenido

Cheryl Norman Lane, M.A.Ed.
Maestra
Distrito Escolar Unificado del Valle de Chino

Jennifer M. Lopez, M.S.Ed., NBCT
Coordinadora superior, Historia/Estudios sociales
Escuelas Públicas de Norfolk

Asesoras de iCivics

Emma Humphries, Ph.D.
Directora general de educación

Taylor Davis, M.T.
Directora de currículo y contenido

Natacha Scott, MAT
Directora de relaciones con los educadores

Créditos de publicación

Rachelle Cracchiolo, M.S.Ed., *Editora*
Emily R. Smith, M.A.Ed., *Vicepresidenta de desarrollo de contenido*
Véronique Bos, *Directora creativa*
Dona Herweck Rice, *Gerenta general de contenido*
Caroline Gasca, M.S.Ed., *Gerenta general de contenido*
Fabiola Sepulveda, *Diseñadora gráfica de la serie*

Créditos de imágenes: pág.11 David Becker/Getty Images; págs.12–13 Don Gray Universal Images Group/Newscom; pág.14 Library of Congress [LC-USZ62-30776]; pág.16 Leonard Ortiz/Zuma Press/Newscom; pág.18 Bryan Smith/Zuma Press/Newscom; pág.19 Frances M. Roberts/Newscom; págs.20–21 Dan Cappellazzo/AP Images para Crayola; pág.25 Jemal Countess/Getty Images para Parents Together; pág.28 Getty Images/ Drew Angerer/ pág.29 Danita Delimont Photography/Newscom; todas las demás imágenes cortesía de iStock y/o Shutterstock

Library of Congress Cataloging-in-Publication Data

Names: Kraus, Stephanie, author. | iCivics (Organization)
Title: ¿Podrías firmar esta petición? / Stephanie Kraus.
Other titles: Will you sign my petition? Spanish
Description: Huntington Beach, CA : Teacher Created Materials, 2022. |
  "iCivics"--Cover. | Audience: Grades 2-3 | Summary: "The United States
  of America is known as the "land of the free." People can share their
  thoughts and ideas freely. That includes the right to petition. Every
  day, people petition for changes in their communities. They hope the
  changes will make the world a better place to live"-- Provided by
  publisher.
Subjects: LCSH: Petition, Right of--United States--Juvenile literature. |
  Petitions--United States--Juvenile literature.

TCM
Teacher
Created
Materials

5482 Argosy Avenue
Huntington Beach, CA 92649-1039
www.tcmpub.com

ISBN 978-1-0876-2273-6
© 2022 Teacher Created Materials, Inc.

El nombre "iCivics" y el logo de iCivics son marcas
registradas de iCivics, Inc.

Contenido

Seguir las reglas

La vida está llena de reglas. Tu escuela tal vez tenga una regla sobre la cantidad de tiempo que puedes jugar en el recreo. Tus padres tal vez tengan una regla sobre la hora de dormir. Tus abuelos tal vez te digan que comas toda la cena antes del postre. Puedes estar de acuerdo con las reglas. O puedes estar en **desacuerdo**.

Un hijo le pide a su papá que le cuente un cuento antes de dormir.

Si alguna vez has querido cambiar una regla, no estás solo. En todas partes del mundo, todo el tiempo hay personas que trabajan para cambiar las reglas y las **leyes**. A veces, sienten que las reglas son injustas. Otras veces, creen que se necesitan nuevas reglas.

Es común querer cambiar una regla, pero también puede ser difícil lograr que los demás te escuchen. Para ayudar a cambiar reglas o leyes, muchas personas hacen **peticiones**.

Salta a la ficción

Manos que ayudan

Brian está muy emocionado con las vacaciones familiares. ¡Irá a la playa por primera vez!

Brian y su papá caminan desde el hotel hasta la playa. Se meten en el agua fresca y empiezan a nadar. Ven peces hermosos a su alrededor. ¡Hasta ven una enorme tortuga marina!

Brian nada cerca de la tortuga para verla mejor. Observa algo alrededor del cuello de la tortuga. ¡Es una bolsa de plástico! Mira a su alrededor y ve más basura en el agua.

Su papá le dice que el plástico que termina en el agua es un gran problema. Los animales quedan atrapados en él, o tratan de comerlo y se enferman. Brian ama a los animales y no quiere que se lastimen.

Cuando regresa de la playa, Brian sigue preocupado. Piensa en todo el plástico que usa. Luego, piensa en la tienda de comestibles que está en su vecindario. La tienda usa cientos de bolsas de plástico cada día. Eso le da a Brian una idea.

Brian escribe una petición a los dueños de la tienda de comestibles. Les pide que dejen de usar bolsas de plástico en la tienda. Brian escribe que muchas bolsas terminan en el océano. Les cuenta sobre la tortuga que vio. Brian sugiere que los clientes lleven sus propias bolsas a la tienda.

En la escuela, Brian les pide a sus maestros y a sus amigos que firmen la petición. También habla con gente de la ciudad. La idea de Brian les gusta. ¡Brian logra que firmen más de doscientas personas!

Brian lleva su petición a la tienda. Para su sorpresa, ¡los dueños de la tienda están de acuerdo con él! Dicen que dejarán de usar bolsas de plástico.

¡Las bolsas de plástico deberían estar prohibidas!

Cada año, cientos de bolsas de plástico acaban en vertederos o en el océano. ¡El plástico de las bolsas puede tardar 1,000 años en descomponerse! Ese tipo de bolsas son un desperdicio y resultan muy dañinas para el medioambiente. Podemos reemplazarlas fácilmente con bolsas de papel que se descomponen más rápido y por bolsas ecológicas reutilizables.

Quienes firman abajo solicitan que esta tienda de comestibles deje de utilizar bolsas de plástico de un solo uso.

Nombre	Correo electrónico (opcional)	Firma

Vuelve al texto de no ficción

Ser un buen ciudadano

Brian hizo un cambio en su ciudad. Fue un buen **ciudadano**. Un buen ciudadano se preocupa por su comunidad.

Todos los ciudadanos tienen derechos. Esos derechos son parte de la **democracia**. Los ciudadanos y los residentes de EE. UU. tienen derecho a decir lo que piensan. Tienen derecho a hacer peticiones. Los ciudadanos mayores de 18 años también tienen derecho a votar para elegir a sus líderes.

Los menores de 18 años no pueden votar para elegir a los líderes. Pero eso no significa que no deban prestar atención a las elecciones. Pueden **informarse** sobre los distintos temas. Pueden formarse una opinión. Pueden seguir los temas que más les importan. Pueden pedirles a los líderes que hagan cambios. Una manera de llegar a los líderes es haciendo peticiones.

Estos buenos ciudadanos limpian sus playas.

Ser un buen votante

Los que se presentan para un **cargo público** hablan de las cosas que quieren cambiar. Los buenos votantes escuchan y piensan. Deciden si están de acuerdo o no con lo que se dice. Luego, eligen a los líderes basándose en esas decisiones.

¿Qué es una petición?

Una petición es una carta que explica un problema. Las peticiones se envían a las personas que están a cargo o que toman las decisiones. Pueden servir para mejorar las cosas.

Los que redactan las peticiones quieren conseguir que muchos las firmen. Cuando alguien firma una petición, significa que está de acuerdo con las ideas.

Las peticiones pueden ser difíciles de organizar. El encargado de hacer la petición tiene un trabajo complicado. Debe explicar claramente el problema. Luego, tiene que ofrecer una **solución**. Tal vez a algunas personas no les guste su idea. Algunos pueden pensar que empeorará las cosas. Otros pueden pensar que es mejor mantener las cosas como están. El que escribe la petición tiene que **persuadir** a los demás.

¡Haz correr la voz!

Podemos tratar de hablar con otros sobre los problemas que vemos. A esto se le llama *generar conciencia*. Es una parte fundamental de la organización de una petición.

Una mujer firma
una petición.

Piensa y habla

¿Cuándo has tenido que
persuadir a alguien?
¿Cómo lo hiciste?

Las peticiones se han usado durante miles de años. Han ayudado a muchas personas a luchar por un trato igualitario.

En 1866, un grupo de mujeres hizo una petición. Querían cambiar la ley para que se les permitiera votar. Su petición fue pasada por alto al principio. Pero el grupo no se rindió. Escribieron más peticiones y organizaron marchas. Querían que las personas se interesaran en el tema. Las mujeres finalmente obtuvieron el derecho al voto en 1920.

Unas mujeres partidarias del voto femenino les piden a las personas que firmen su petición en 1912.

Las peticiones se usan a menudo en la actualidad. En algunas partes del mundo, a los niños no se les permite ir a la escuela o no pueden hacerlo. Tienen que trabajar. Hay peticiones para cambiar esa práctica. Las personas creen que todos los niños tienen derecho a aprender.

Los grandes temas como este suelen necesitar algo más que peticiones. Pero las peticiones son una buena manera de **difundir** las ideas y luchar por el cambio.

Una voz valiente

Malala Yousafzai escribió una petición. Donde ella vivía, a muchas niñas no se les permitía ir a la escuela. Ella quería que todas las niñas tuvieran ese derecho. Su petición consiguió más de un millón de firmas en tan solo un mes.

Muchos niños, como esta niña de Nepal, tienen que trabajar en lugar de ir a la escuela.

Las peticiones hoy

Las peticiones han cambiado a lo largo de los años. Las personas solían escribirlas a mano. Luego, caminaban por su comunidad y hablaban con los demás. Les explicaban los problemas y compartían sus soluciones. A veces se paraban en la plaza del pueblo o visitaban las casas. Años después, las personas empezaron a usar el teléfono para difundir sus ideas. Pero conseguir firmas seguía llevando mucho tiempo.

Este **voluntario** se encuentra fuera de una tienda pidiendo firmas para su petición.

Ahora, la mayoría de las peticiones se hacen en línea. Personas de todo el mundo pueden leer sobre los temas. Pueden firmar de manera **digital**. También pueden compartir sus peticiones con otras personas. Eso ayuda a difundir las ideas. Conseguir firmas hoy en día es mucho más rápido que antes.

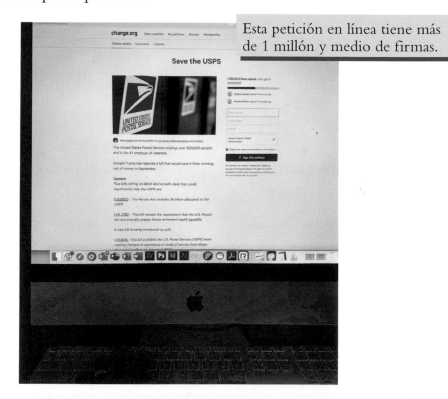

Esta petición en línea tiene más de 1 millón y medio de firmas.

¿La primera?

Los expertos en Historia creen haber encontrado la primera petición. La escribieron personas que estaban construyendo las pirámides en el antiguo Egipto. Pedían mejores condiciones de trabajo.

Los niños y las peticiones

Muchas peticiones se realizan para ayudar a los estudiantes. Por ejemplo, hay peticiones para que la comida de la escuela sea más saludable. Esas peticiones dicen que los almuerzos escolares deberían incluir más frutas y verduras. Algunos padres están en desacuerdo. Dicen que la comida escolar ya es saludable. Dicen que, si a los estudiantes no les gustan las nuevas opciones, tal vez no coman todo lo que necesitan.

También hay peticiones para que la escuela empiece más tarde. Muchos padres quieren que la escuela comience después de las 8 a. m. Dicen que eso ayudaría a los estudiantes a sentirse mejor durante el día. Incluso podrían tener mejores calificaciones. Otros padres dicen que sería demasiado complicado para las familias. No podrían dejar a los niños en la escuela y llegar al trabajo a tiempo.

Las dos peticiones quieren mejorar la escuela. Pero puede ser difícil encontrar algo que funcione para todos.

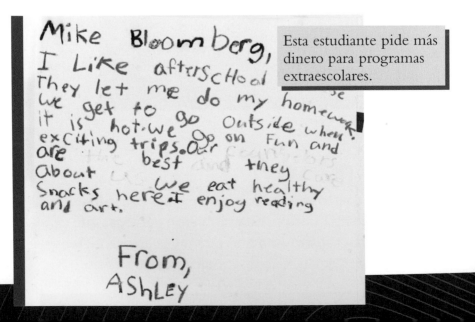

Esta estudiante pide más dinero para programas extraescolares.

Almuerzos más largos

Algunas peticiones buscan alargar la hora del almuerzo. Algunas escuelas tienen pausas de 15 o 20 minutos para almorzar. Otras tienen almuerzos de 30 minutos.

Unos estudiantes firman una petición gigante para que se construya una escuela nueva.

Todos podemos organizar una petición. No importa la edad que tengas. De hecho, muchos niños organizan peticiones. A veces, ¡son las que mejor funcionan! Una de esas peticiones surgió de una clase de California. Los estudiantes pensaron en todos los marcadores que usaban en clase. Sabían que los marcadores viejos iban a la basura. Debido a la tinta, los marcadores no se podían **reciclar**. Los estudiantes querían reciclar el plástico. Entonces, escribieron una petición. Estaba **dirigida** a Crayola®. Le pidieron a la empresa que buscara una manera de reciclar los marcadores usados. ¡Decenas de miles de personas firmaron la petición!

El cambio no se realizó de inmediato. Pero al cabo de un año, ¡se hizo realidad! Crayola® organizó un programa. Las personas ahora pueden enviar por correo los marcadores viejos. El plástico se recicla. Muchas escuelas usan el programa hoy en día.

Un empleado recicla marcadores usados.

Reciclaje exitoso

En sus primeros cinco años, el programa de Crayola®
recicló más de 70 toneladas de marcadores de plástico.
¡Eso es más o menos lo que pesarían 10 tiranosaurios rex!

Una petición por una festividad

No todas las peticiones son sobre problemas graves. ¡Algunas también son para cosas divertidas!

En 2018, una petición divertida fue noticia. Su tema central era Halloween. La festividad suele caer en medio de la semana. Los niños tienen que ir a la escuela al día siguiente. Entonces, puede ser difícil salir hasta tarde. La petición decía que Halloween debería cambiarse al sábado. Los niños podrían salir a pedir dulces y no tendrían que levantarse temprano al día siguiente. No estarían tan cansados en la escuela.

Miles de personas firmaron la petición. Pero muchas otras no lo hicieron. Muchos no le dieron importancia. Puede ser difícil conseguir que las personas se preocupen por temas como estos. Los que redactan las peticiones tienen que pensar quiénes estarían más interesados. Luego, tienen que encontrar la manera de llamar su atención.

¡Un trato dulce!

Muchas empresas de caramelos apoyaron la petición sobre Halloween. Sabían que las personas tendrían que comprar más caramelos si los niños pedían dulces durante más tiempo. ¡Snickers® incluso repartió un millón de barritas gratis para conseguir apoyo!

Piensa y habla

¿A quién le pedirías que firme una petición sobre Halloween? ¿Por qué?

Cómo escribir tu propia petición

Hay algunas preguntas que debes hacerte antes de iniciar una petición. ¿Cuál es el problema que quiero resolver? ¿Cuál es mi solución? ¿A quién ayudaría mi petición? ¿Podría causar otros problemas? ¿Cómo puedo difundirla?

Una vez que hayas respondido esas preguntas, puedes empezar a escribir la petición. Debes escribirla en forma de carta. Dirige tu carta a la persona o empresa que tiene el poder de cambiar las cosas. Diles por qué el tema es tan importante para ti. Asegúrate de usar palabras amables. Al fin y al cabo, ¡estás tratando de hacer que cambien de opinión!

Una de las partes más importantes de una petición es la difusión. Hay que explicarles a los demás por qué el cambio los ayudaría a ellos también. Cuantas más firmas tengas, más en serio será tomada tu petición.

¡Revisa tu trabajo!

Recuerda pedirle a un adulto que lea tu petición. Un adulto puede ayudarte a detectar errores que hayas pasado por alto. Si tu carta está bien redactada, eso demostrará que te tomas en serio el cambio que quieres hacer.

Estos estudiantes consiguieron un millón y medio de firmas para su petición de salvar los almuerzos escolares.

SAVE
SCHOOL LUNCH

1.5 Million Petitions
to Trump & Perdue:
**Don't Cut Free
School Lunch**

1.5 Million Petitions
to USDA:
**Don't Cut Free
School Lunch**

1.5 Million Petitions
to USDA:
**Don't Cut Free
School Lunch**

1.5 Million Petitions
to Trump & Perdue:
**Don't Cut Free
School Lunch**

Una petición puede tardar meses o años en provocar un cambio verdadero. Algunas peticiones no tienen éxito. Eso puede deberse a muchas razones. Las personas pueden no estar de acuerdo con la nueva idea. O tal vez la petición no fue leída por suficientes personas. Puede ser difícil crear conciencia. ¡Pero eso no significa que las personas no deban escribir peticiones! Aunque no logren que las cosas cambien, pueden ayudar a resolver los problemas.

Las peticiones que tienen muchas firmas suelen aparecer en las noticias. Las personas pueden ver las peticiones en la televisión. Pueden leer sobre las peticiones en línea. Pueden escribir en sus redes sociales para difundir los temas. Eso puede ayudar a conseguir más firmas.

Las peticiones también pueden ayudar a recaudar dinero. Las personas pueden decidir donar dinero para apoyar la causa. O pueden ofrecerse como voluntarios y dar su tiempo. Esas acciones pueden ayudar a cambiar las cosas, aunque la petición no funcione.

Unos jóvenes realizan una protesta para apoyar una causa.

Ayudar al mundo

Las peticiones son una manera en que las personas pueden demostrar que se preocupan. Las personas se preocupan por su comunidad. Se preocupan por sus familiares y amigos. Si algo es injusto, ¡reclaman! Se involucran.

Antes de iniciar una petición, habla con tus familiares, tus amigos y tus maestros. Pregúntales lo que piensan. Es bueno hablar sobre los problemas antes de intentar resolverlos. Tal vez aprendas algo que no sabías. Tal vez se te ocurran soluciones mejores.

Realizar peticiones es uno de nuestros derechos. Es un derecho que está garantizado por la Primera Enmienda. Las peticiones también son una excelente manera de ayudar a los demás. Demuestran que, cuando las personas trabajan en conjunto, pueden resolver los problemas.

Así que piensa en los temas que más te importan. ¿Qué cambios te gustaría hacer? Luego, ¡ponte a escribir!

Estos niños protestan para pedir mejores escuelas.

El aumento de las temperaturas daña a los osos polares.

Piensa y habla

¿De qué manera una petición podría ayudar a los osos polares? ¿Podría esta foto ayudar a difundir la petición?

Glosario

cargo público: un puesto o un trabajo en el gobierno

ciudadano: alguien que pertenece legalmente a un país y tiene los derechos que hay en ese país; un miembro de una comunidad

democracia: una forma de gobierno en la que las personas votan para elegir a sus líderes

desacuerdo: una opinión distinta de la de otros

difundir: dar a conocer

digital: a través de computadoras o dispositivos electrónicos

dirigida: escrita para alguien o algo

informarse: enterarse de algo

leyes: el conjunto de reglas creadas por el gobierno de un lugar

persuadir: convencer a alguien para que haga algo pidiéndoselo o dándole razones

peticiones: pedidos formales a personas u organizaciones para que cambien o hagan algo

reciclar: convertir algo en otra cosa

solución: algo que resuelve un problema

voluntario: alguien que trabaja gratis para ayudar a una causa

Índice

Civismo en acción

Una de las cosas que puedes hacer para ser un buen miembro de tu comunidad es tratar de mejorar las cosas en tu comunidad. Tú tienes el poder de hacer un cambio. Ahora te toca a ti tratar de resolver un problema. Puede ser un problema que haya en tu escuela o en tu comunidad. Tal vez quieras cambiar una regla o crear una nueva. Sigue estos pasos para escribir una petición:

1. Identifica un problema o una necesidad.

2. Trabaja con los demás para pensar una solución.

3. Escribe una petición. Explica el problema y cómo quieres resolverlo.

4. Haz un plan para difundir tus ideas y conseguir firmas.

5. Decide a qué persona o a qué grupo vas a dirigir la petición. Luego, presenta la petición.

DI NO A LOS PLÁSTICOS DE UN SOLO USO EN NUESTRA ESCUELA